로직아이 샘 ① 단계 빨강

**펴내는 글 & 일러두기**

### 로직 있는 아이들 위하여…

독서는 감동입니다. 감동은 집중력을 높여 줍니다. 어렸을 때 감동하면서 책을 읽은 아이들이 다른 일도 잘합니다.

독서는 핵심입니다. 핵심을 파악해야 발전합니다. 모든 사건에는 핵심이 있고 모든 일은 핵심을 중심으로 전개됩니다. 독서는 전체의 흐름과 핵심 파악에 도움을 줍니다.

독서는 꿈입니다. 독서는 꿈의 실현이 아니라 꿈을 꾸게 하는 다리입니다. 꿈을 꾸는 사람만이 꿈을 이룰 수 있습니다.

독서는 미래이고 희망입니다. 병들기 전에 병을 치료하는 일이 좋은 일이듯, 문제가 발생하지 않도록 하는 일이 중요합니다. 독서는 병들기 전에 치료하는 최고의 보약입니다.

〈로직아이〉는 모든 선생님과 학부모 그리고 대한민국 모든 아이들이 건강하고 행복하기를 기원합니다.

집필자들을 대신하여
(주) 로직아이 러닝교육원 원장 박우현

---

#### 교재의 특징

▶ 이 교재는 오직 독서지도만을 위한 교재입니다. 그러나 이 교재의 사용은 자연스럽게 글쓰기 논술 실력도 늘게 할 것입니다.
▶ 이 책에는 해당 책을 이용한 PSAT(공직적성평가: 행정고시, 외무고시, 기술고시 1차 시험)와 LEET(사법고시를 대신하는 법학전문대학원 입학시험문제) 형식의 문제가 수록되어 있습니다. 아이들에게 대입 수능시험형식이나 고급공무원 시험형식에 대해 친근한 느낌을 갖게 할 것입니다.

#### 교재 사용 방법

1. 이 교재를 사용하기 위해서는 반드시 가르치는 사람과 아이들은 해당 책을 읽어야 합니다. 그 후에 교재 속의 문제들을 풀게 되면 그것만으로도 그 책을 다시 한 번 읽는 셈이 됩니다.
2. 단계별로 구성되어 있기는 하지만 아이들의 성향이나 독서능력에 따라 자유롭게 활용해도 무방합니다.
3. 각각의 교재는 6권의 책으로 구성되어 있지만, 그 순서는 교사나 학부모가 정할 수 있습니다. 아이들의 취향이나 선생님의 지도방법에 따라 선택 지도할 수 있습니다.

〈감사의 말씀〉 이 교재 속에 수록된 텍스트와 이미지 사용을 허락해 준 모든 출판사에 감사드립니다.

## 목 차

짧은 귀 토끼
4쪽

파닥파닥 해바라기
14쪽

여우의 전화박스
24쪽

가을을 파는 마법사
34쪽

곰이라고요, 곰!
44쪽

까만 아기 양
54쪽

# 짧은 귀 토끼

다원시 글 | 탕탕 그림 | 심윤섭 옮김
고래이야기

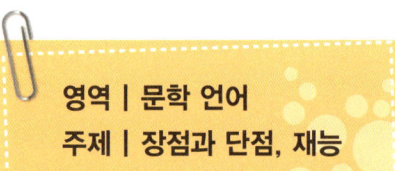
영역 | 문학 언어
주제 | 장점과 단점, 재능

### 목표

1. 외모보다 소질과 능력이 중요함을 알 수 있다.
2. 적극적이고 긍정적인 주인공의 성격을 배울 수 있다.

### 줄거리

다른 토끼들은 귀가 길지만 동동이 귀는 짧다. 동동이는 자기 귀를 길쭉하게 만들려고 노력하지만 성공하지 못한다. 그러나 그 과정에서 자신의 재능을 발견한다.

### 도서 선정 이유

동동이처럼 끊임없이 노력하면 자신의 단점을 이기고 장점을 발견하게 될 것이란 메시지를 아이들에게 자연스럽게 전해 줄 수 있다.

**1** 『짧은 귀 토끼』를 읽고 내용과 관련된 낱말에는 빨간색을 칠하고 관련이 없는 낱말에는 노란색을 칠하세요. 어떤 그림이 될까요?

| 동동이 | 할머니 | 양말 | 바지 | 비 | 미미 |
|---|---|---|---|---|---|
| 과자 | 당근 | 우산 | 치마 | 친구 | 할아버지 |
| 사탕 | 구두 | 양배추 | 귀엽다 | 가방 | 가위 |
| 나비 | 모자 | 고모 | 사자 | 바람 | 풀 |
| 사과 | 채소밭 | | | 뽀뽀 | 이모 |
| 기차 | 엄마 | 반짝반짝 | 토실토실 | 빨래 | 노랑 |
| 애벌레 | 코 | | | 아빠 | 색종이 |
| 할머니 | 5센티미터 | | | 독수리 | 포도 |
| 오빠 | 양파 | 빨랫줄 | 집게 | 감자 | 구름 |
| 바나나 | 고추 | 머리핀 | 참새 | 상추 | 고구마 |

짧은 귀 토끼 | 5

책·을·다·시·읽·는·아·이·들

**1** 그림 속 토끼의 이름은 무엇인가요?

**2** 동동이는 다른 친구들과 무엇이 다른가요?

**3** 동동이가 날마다 당근과 양배추를 먹는 까닭은 무엇인가요?

**4** 미미의 코에 빨래집게가 있는 것을 보고 깜짝 놀란 동동이가 미미에게 부탁한 것은 무엇인가요?

**5** 동동이는 짧은 귀를 가리기 위해 무엇을 사용했나요?

**6** 친구들에게 '토끼 귀' 빵을 자랑하는데 하늘에서 나타난 것은 무엇인가요?

**7** 동동이는 독수리 사건 이후에 가게를 열었습니다. 무슨 가게인가요?

**8** 무서운 독수리에게 빵을 어떻게 팔았나요?

1 다음은 동동이가 채소밭에서 귀에 물을 주는 장면입니다. 동동이는 어떤 생각을 하며 이런 행동을 했을까요?

2 만약 미미가 동동이의 귀가 짧다고 놀렸다면 어떤 일이 일어났을까요? 상상해서 이야기해 보세요.

3 동동이 엄마는 귀가 짧아 시무룩하게 지내는 동동이를 보면서 어떤 마음이 들었을까요?

**4** 동동이는 물엿으로 '토끼 귀' 빵을 머리에 붙이고 미미를 찾아갔어요. 미미는 그런 동동이를 보면서 무엇을 느꼈을까요?

---

**5** 다음 그림에 나타난 동동이의 얼굴 표정을 보세요. 그때 심정이 어땠을까요?

동동이는 날마다 키 큰 나무 한 그루를 정해 눈금을 그려 넣었어요.
그리고 날마다 귀가 얼마나 자랐는지 재어 보기로 했어요.
몇 주가 지났지만 동동이 귀는 여전히 5센티미터밖에 되지 않았어요.

**1** 동동이 같은 친구가 우리 주위에 있다면 어떻게 해야 할까요?

**2** 동동이가 아무리 노력해도 귀의 길이는 그대로였어요. 만약 여러분이라면 기분이 어땠을까요? 또 귀를 길게 만들기 위해 어떤 노력을 하겠습니까?

**3** 동동이는 '토끼 귀 빵집'을 열었어요. 여러분이라면 어떤 가게를 열고 싶나요?

**4** 동동이는 다른 토끼들에 비해 귀는 짧았지만 맛있는 빵을 만들 수 있었어요. 여러분이 가진 장점을 친구들에게 광고해 보세요.

아·이·들·을·위·한·P·S·A·T·와·L·E·E·T

## 1    안에 들어갈 말로 가장 알맞은 것은?

언제부턴가 동동이는 짧은 귀가 자꾸 신경이 쓰였어요.
그래서 밤마다 엄마에게 물었지요.
"엄마, 내 귀는 왜 짧아요?"
그때마다 엄마는 동동이 귀에 뽀뽀하며 속삭였어요.

엄마 말을 듣고 동동이는 기분이 좋아졌어요.

본문에서

① 넌, 아직 어리잖아!
② 그래, 네 귀는 짧다.
③ 엄마 귀가 짧아서 그래.
④ 아직 너는 키가 더 커야 한단다.
⑤ 아가야, 네 귀는 귀엽고 특별하단다.

## 2 다음과 같이 짝지어진 것이 <u>아닌</u> 것은?

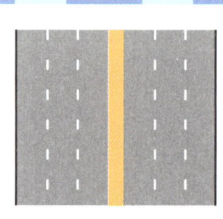   넓다 〈------〉 좁다

① 짧다 – 길다
② 높다 – 낮다
③ 많다 – 작다
④ 웃다 – 울다
⑤ 굵다 – 가늘다

**다음 글을 읽고 물음에 답하세요. (3~4)**

> 동동이는 짧은 귀를 볼 때마다 너무너무 화가 났어요.
> 그래서 두껍고 커다란 모자로 귀를 가려 버렸지요.
> 그러던 어느 날, 심술쟁이 바람이 휙 불어오더니 동동이 모자를 하늘 높이 날려 버렸어요. (1) 동동이의 짧은 귀를 본 동물 친구들은 깔깔대고 웃었어요.
> (2) "야, 동동이 귀 좀 봐. 정말 짧다!"
> 동동이는 두 손으로 귀를 감싸쥐고 도망치듯 집으로 뛰어갔어요.
> 동동이는 (3) 속상해서 거울 앞에서 한참을 엉엉 울었어요.
>
> 본문에서

**3** (1)과 같은 상황에서 (2) 대신에 해야 할 말로 가장 적절한 것은?

① 소영 : 나하고 놀이터에 가서 놀자.
② 승기 : 당근과 오이를 매일 먹으면 돼.
③ 재석 : 울지마! 내가 맛있는 과자 줄게.
④ 동건 : 동동아! 내가 귀를 만들어 줄게.
⑤ 연아 : 네가 좀더 크면 귀도 길어질 거야.

**4** 윗글의 (3)과 거리가 먼 것은?

① 동동이는 매일 아침 귀에 물을 주었어요.
② 동동이는 '토끼 귀 빵'을 만들어서 머리에 붙였어요.
③ 빨랫줄에 매달았던 동동이의 귀가 빨갛게 부어 올랐어요.
④ 동동이는 빨리 달리고, 높이 뛸 줄 아는 게 더 중요했어요.
⑤ 몇 주가 지나도 동동이의 키는 5센티미터밖에 되지 않았어요.

# 파닥파닥 해바라기

보람 글·그림 / 길벗어린이

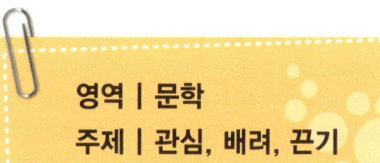

영역 | 문학
주제 | 관심, 배려, 끈기

### 목표

1. 우리 주변의 작지만 소중한 존재에 대해 생각해 볼 수 있다.
2. 따뜻한 배려가 필요한 사람을 도울 수 있는 방법을 이야기할 수 있다.
3. 성실하고 끈기 있는 주인공의 성격을 배울 수 있다.

### 줄거리

어느 해바라기 동산 속, 어두운 구석에 유난히도 작은 해바라기가 살고 있었다. 그늘 속에서 힘겹게 크던 작은 해바라기가 키를 더 키우기 위해 용기 있게 행동하자 큰 해바라기들이 관심을 보이기 시작한다. 모두의 배려 덕분에 작은 해바라기는 무럭무럭 자란다.

### 도서 선정 이유

이 책은 작다고 해서 결코 하찮은 것은 아니며, 어둡고 잘 보이지 않는 곳에서 노력하는 사람이나 생명체에 대한 작은 관심과 배려가 얼마나 큰 힘이 되는지 알게 해 준다. 우리는 모두 소중한 존재로서 서로 존중하고 더불어 살아갈 때 행복하다는 사실을 배울 수 있다.

# 책을 펴는 아이들

**1** 책표지에서 작은 해바라기는 왜 '파닥파닥' 안간힘을 쓰고 있을까요?

**2** 다음 중 나머지 낱말과 느낌이 전혀 다른 낱말은 무엇인가요?

① 응원　② 배려심　③ 무관심　④ 양보　⑤ 존중

**3** 다음 중 맞춤법이 틀린 낱말을 2개 찾아서 바르게 고쳐 써 보세요.

① 햇님　② 빗물　③ 햇볕　④ 잎사귀　⑤ 날개짓

**4** 아래 내용을 띄어쓰기에 맞도록 적어 보세요.

(1) 어두운곳에살아서그런가봐.

어　　　　　　　　　　　　　　　　.

(2) 내가어디있는지한번찾아볼래요?

내　　　　　　　　　　　　　　　　?

**5** 보기 에서 어울리는 말을 넣어 짧은 글을 완성해 보세요.

보기
꿈틀꿈틀　파닥파닥
바삭바삭　살랑살랑

(1) 벌레가 (　　　) 기어갑니다.
(2) 과자가 (　　　) 맛있습니다.
(3) 바람이 (　　　) 불어옵니다.

**1** 꿀벌이 작은 해바라기에게 키가 작은 까닭을 물어보자 작은 해바라기는 무엇이라고 대답했나요?

**2** 꿀벌은 작은 해바라기에게 키가 크려면 무엇을 봐야 한다고 했나요?

**3** 꿀벌이 작은 해바라기에게 '멋진 날개'라고 말한 것은 무엇이었나요?

**4** 작은 해바라기가 꿀벌의 말을 듣고 잎을 파닥이자 무슨 일이 일어났나요?

5 작은 해바라기는 하늘을 날면서 많은 일을 했어요. 순서대로 번호를 써 보세요.

( ) 둥근 풍선 타고 밤하늘 날기    ( ) 구름 위로 올라가기
( ) 눈부신 해님 보기              ( ) 비구름 뚫고 내려오기

6 작은 해바라기는 해님을 보면서 무슨 말을 했나요?

7 작은 해바라기의 꽃잎이 하나 떨어지면서 그동안 있었던 일이 꿈이란 것을 알았습니다. 작은 해바라기는 일어나서 무엇을 했나요?

8 작은 해바라기가 노력하는 모습을 다른 해바라기들이 보았습니다. 해바라기들은 어떻게 했나요?

책·을·깊·게·읽·는·아·이·들

**1** 주인공의 이름은 '파닥이'라고 할 수 있어요. 이 이름에는 어떤 뜻이 담겨 있을까요?

**2** ㉠은 무슨 말일까요?

> "그럼 날아서 해님을 보면 되잖아. 멋진 날개도 있으면서."
> 꿀벌이 말했어요.
> "응? 이거? 날개 아닌데… ㉠ 잎사귀인데….."

**3** 작은 해바라기가 가끔 눈물이 난 까닭은 무엇일까요?

> 몸을 이렇게 힘껏 구부리면 햇볕을 조금 쬘 수 있어요.
> 이렇게 하면 빗물도 조금은 마실 수 있고요.
> 그런데… 가끔은 눈물이 나요.

**4** 다음의 흉내 내는 말은 파닥이가 자랄 수 있도록 도와주었던 것과 관계가 있습니다. 파닥이를 도와준 등장인물은 누구누구인지 써 보세요.

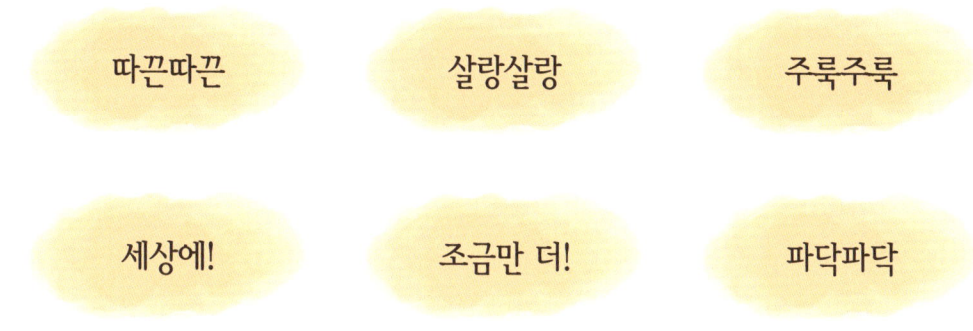

**5** 책의 앞표지를 넘기면 검정색이고, 뒤표지 바로 앞은 노란색인 까닭은 무엇일까요?

책·을·내·것·으·로·만·드·는·아·이·들

**1** 가장 기억에 남거나 재미있었던 장면은 어떤 장면인가요? 그리고 그 까닭은 무엇인가요?

★ 재미있었던 장면 :

★ 그 장면이 재미있는 까닭 :

**2** 등장인물 중에서 여러분과 가장 닮은 건 누구라고 생각하나요? 그 까닭을 이야기해 보세요.

큰 해바라기

작은 해바라기

꿀벌과 나비

★ 까닭 :

**3** 우리 주변에도 도움을 기다리는 작고 소중한 사람이나 생명체가 있습니다. 누구를 어떻게 도우면 좋을까요?

**4** 아래 [미덕의 보석] 중에서 등장인물과 나에게 주고 싶은 미덕(아름다운 마음과 행동)을 골라 보세요.

> **미 덕 의 보 석**
>
> 예의, 질서, 협동, 용기, 겸손, 배려, 긍정, 끈기, 경청, 공감, 성실, 양보, 책임감, 사랑, 효도, 여유, 절약, 용서, 자유, 감사, 열정, 약속, 소통, 행복, 존중, 호기심, 우정, 평화, 노력, 상냥함, 이해, 인내, 친절, 너그러움, 도움

◆ 큰 해바라기 :

◆ 작은 해바라기(파닥이) :

◆ 꿀벌과 나비 :

◆ 나 :

**5** 포기하지 않고 노력한 파닥이, 또는 돕고 싶은 친구에게 보내는 응원의 한 마디를 적어 보세요.

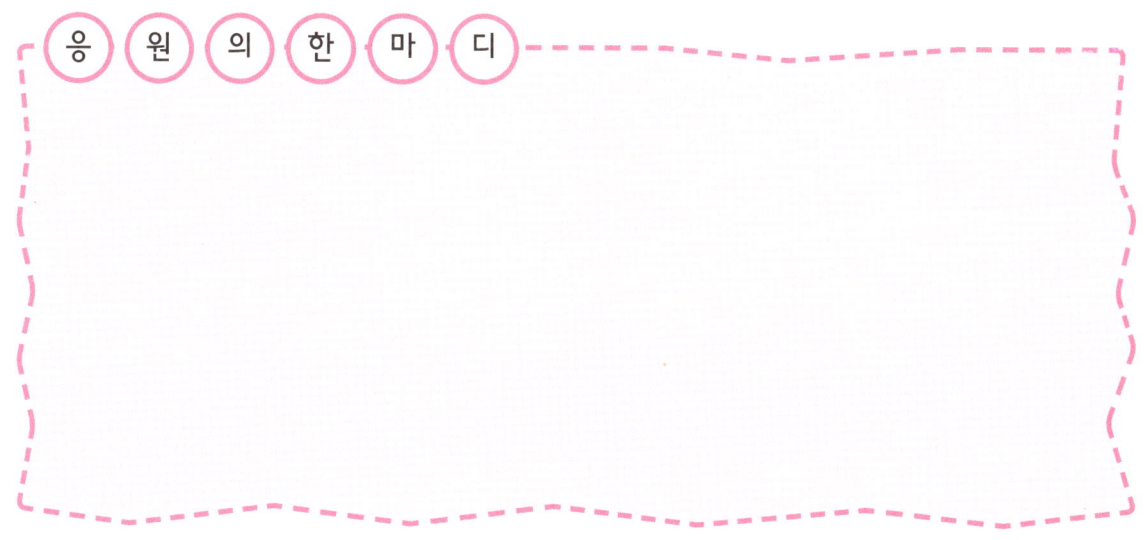

아·이·들·을·위·한·P·S·A·T·와·L·E·E·T

**1** 아래 글의 내용과 어울리는 속담은?

> 작은 해바라기는 너무 힘들어서 포기하고 싶었지만 꾹 참고 잎사귀를 계속 파닥파닥 움직였어요. 그 소리에 놀란 친구들이 조금씩 자리를 양보해 주었고, 친구들의 응원 덕분에 작은 해바라기도 쑥쑥 자라게 되었지요. 이제 모두 함께 따뜻한 햇볕 아래에서 즐겁게 웃을 수 있답니다.
>
> 본문에서

① 식은 죽 먹기
② 누워서 떡 먹기
③ 강 건너 불구경
④ 백지장도 맞들면 낫다.
⑤ 밑 빠진 독에 물 붓기

**2** 다음 그림을 보고 알 수 없는 것은?

① 아주 작은 새싹이 돋아나 왔다.
② 나비 두 마리가 날아다니고 있다.
③ 개미 한 마리가 지렁이 위에 타고 있다.
④ 해님 아래에서 해바라기들이 웃고 있다.
⑤ 꿀벌들이 해바라기 주변을 맴돌고 있다.

**다음 글을 읽고 물음에 답하세요. (3~4)**

어디선가 나타난 꿀벌이 깜짝 놀라며 물어요.
㉠ "어? 여기에도 해바라기가 있네!
　　넌 왜 이렇게 작아?"
㉡ "그건...
　　어두운 곳에 살아서 그런가 봐..."
㉢ "그럼 날아서 해님을 보면 되잖아.
　　멋진 날개도 있으면서."
㉣ "날개를 한번 파닥여 봐, 이렇게!"
　　"더, 더! 빨리빨리!"
㉤ "하늘을 나는 해바라기라니!
　　"와! 해바라기 새다! 정말 멋져!"

　　　　　　　　　　　　　　📄 본문에서

**3** ㉠ ~ ㉤ 중에서 작은 해바라기가 말한 문장은?

① ㉠　　② ㉡　　③ ㉢　　④ ㉣　　⑤ ㉤

**4** 위 글을 읽고 알 수 있는 사실은?

① 꿀벌은 예쁘다.
② 해바라기는 키가 크다.
③ 해바라기가 하늘을 난다.
④ 해바라기는 얼굴이 크다.
⑤ 해바라기는 날개가 없다.

# 여우의 전화박스

도다 가즈요 글 | 다카스 가즈미 그림
이선아 옮김 | 크레용 하우스

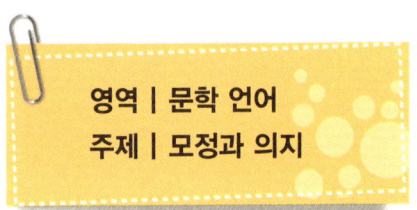

영역 | 문학 언어
주제 | 모정과 의지

### 목표

1. 자식에 대한 부모님의 사랑을 생각해 볼 수 있다.
2. 슬픔을 극복하는 힘과 방법에 대해 이야기 나눌 수 있다.

### 줄거리

　엄마 여우와 아기 여우가 행복하게 지내다 아기 여우가 병으로 죽는다. 엄마 여우는 큰 슬픔에 빠진다. 엄마 여우는 우연히 알게 된 남자아이를 통해 죽은 아기 여우를 생각한다. 하지만 그 아이도 엄마 곁으로 떠난다. 혼자 남은 엄마 여우는 슬픔을 이겨 내고 씩씩하게 살아가기로 결심한다.

### 도서 선정 이유

　엄마 여우를 통해 눈으로는 쉽게 볼 수 없는 어머니들의 깊고 넓은 사랑을 이해할 수 있으며, 슬픔과 고난을 이겨 내는 과정을 배울 수 있다.

**1** "엄마 여우는 전화박스에 어제보다 바투 다가갔어."라는 문장에서 바투의 뜻을 알아맞춰 볼까요?

 경도는 성수에게 비밀 이야기를 하려고 바투 앉았습니다.

 드디어 결전의 시간이 바투 다가왔습니다.

 낚싯대에 물고기가 걸려들자 진영이는 낚싯대를 바투 쥐었습니다.

**2** 앉았어요와 않았어요의 쓰임이 바른 것에 ○표 하세요.

① 서희는 의자에 똑바로 (앉았어요. 않았어요)
② 석찬이의 발 냄새는 향기롭지 (앉았어요. 않았어요)
③ 민화는 짝꿍이 놀려도 절대 울지 (앉았어요. 않았어요)
④ 경표의 책상에 먼지가 가득 (앉았어요. 않았어요)

**3** 다음 낱말들의 순서를 바로잡아 올바른 문장으로 만들어 보세요.

(1) 이, 엄마, 여우랑, 살고, 아기, 여우가, 있었어요, 산속에는
(2) 있었어요, 환히, 얼굴이, 비치고, 엄마, 행복한, 여우의

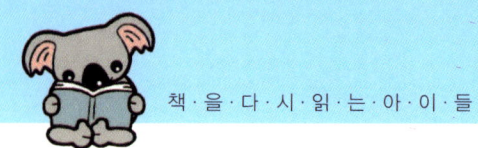
책·을·다·시·읽·는·아·이·들

**1** 여우네 가족은 엄마 여우와 아기 여우뿐입니다. 아빠 여우는 어떻게 되었나요?

**2** 아기 여우는 시름시름 앓다가 어떻게 되나요?

**3** 엄마 여우는 남자아이를 처음 보았을 때 무슨 생각을 합니까?

**4** 남자아이는 언제쯤 전화박스에 나타나며 누구에게 전화를 거나요?

**5** 엄마 여우가 남자아이의 전화 내용을 듣고 알게 된 사실들은 무엇인가요?

**6** 전화기가 고장났을 때 엄마 여우는 어떻게 했나요?

**7** 엄마 여우는 죽은 아기 여우에게 전화해서 자신이 요술을 부렸다고 말합니다. 엄마 여우가 부린 요술은 무엇인가요?

책·을·깊·게·읽·는·아·이·들

1 엄마 여우는 "그러엄, 우리 아기가 기쁘면 엄마는 항상 기쁘단다."라고 말합니다. 엄마 여우가 항상 기쁜 이유는 무엇일까요?

2 엄마 여우는 남자아이를 처음 보았을 때 남자아이 뒷모습에서 꼬리가 살랑살랑 흔들린 것 같다고 생각합니다. 이때 엄마 여우는 어떤 생각을 했을까요?

**3** 남자아이가 자기 엄마에게 간다는 것을 알고 엄마 여우는 시든 꽃잎처럼 고개를 떨구었어요. 엄마 여우의 마음이 어땠을지 말해 보세요.

**4** 엄마 여우는 고장난 전화기를 대신해서 자신이 전화박스가 되었으면 하고 간절히 원했어요. 간절히 원하면 불가능한 일도 할 수 있을까요?

**1** 엄마 여우는 "우리 아기가 기쁘면 엄마도 항상 기쁘단다."라고 말합니다. 여러분도 아빠나 엄마가 기쁘고 행복하면 같이 행복한가요? 그렇지 않을 때가 있다면 어떤 경우인가요?

**2** 엄마 여우의 감정 곡선 그래프를 그려 볼까요?

**역할극을 통한 감동 두 배**

**3** 엄마 여우가 전화박스가 되어 남자아이와 통화하는 부분의 내용을 잘 읽고, 이 부분을 친구들과 역할을 정하여 역할극을 해 보세요.

**뒷이야기 상상하기**

**4** 엄마 여우는 앞으로 어떻게 살아가게 될지 상상해서 글로 써 보세요.

아·이·들·을·위·한·P·S·A·T·와·L·E·E·T

## 1 다음 내용을 줄인 것으로 가장 적절한 것은?

> 그러던 어느 날 아침, 아기 여우의 조그만 몸이 자꾸만 옴츠러들더니 아주 싸늘해지고 말았어요.
> "아가, 아가!"
> 엄마 여우가 아무리 소리쳐 불러도, 아기 여우는 아무 대답을 안했어요. 엄마 여우는 날마다 구슬피 울었어요. 눈물로 온몸이 흠뻑 젖어 버리도록 울었어요.
> 울다가 지치면, 엄마 여우는 입을 꾹 다문 채 꼼짝도 하지 않았어요.
>
> 본문에서

① 아기 여우와 엄마 여우는 말이 없었다.
② 아기 여우가 아파서 엄마 여우도 아프다.
③ 아기 여우가 죽어서 엄마 여우는 대단히 슬프다.
④ 아기 여우가 감기에 걸려 엄마 여우는 안절부절못했다.
⑤ 아기 여우는 엄마 여우가 아무리 소리쳐 불러도 대답하지 않았다.

## 2 다음 글의 내용에 알맞는 계절은?

> 이윽고 산에서 얼음처럼 차가운 바람이 휘몰아쳤어요.
> 울긋불긋 물들었던 나뭇잎은 모두 떨어져 길바닥에 스산히 나뒹굴고 있었어요.
>
> 본문에서

① 아주 춥고 눈이 내리는 겨울
② 겨울이 끝나고 봄이 시작되는 계절
③ 봄이 끝나고 여름이 시작되는 계절
④ 여름이 끝나고 가을이 시작되는 계절
⑤ 가을이 끝나고 겨울이 시작되는 계절

## 3 밑줄 친 문장의 '흰 종이'에 씌어 있는 말로 가장 적당한 것은?

어느 날 저녁, 산에서 내려온 엄마 여우는 깜짝 놀랐어요. 전화박스에 불이 꺼져 있지 않겠어요? 전화박스는 달빛을 받아 어스름한 그림자를 드리우고 있었어요. 엄마 여우가 가까이 다가갔더니, <u>전화박스 유리 문에 흰 종이가 팔랑거리며 붙어 있었어요.</u> 하지만 엄마 여우는 종이에 뭐라고 쓰여 있는지 알 길이 없었어요.

'무슨 일일까……?'

엄마 여우는 몹시 걱정이 되었어요. 그때 갑자기 도로가 환하게 밝아졌어요. 맞은편에서 자동차 한 대가 달려오고 있었어요. 엄마 여우는 얼른 풀숲에 숨었어요. 이윽고 자동차 한 대가 전화박스 앞에 끼익 멈춰 섰어요. 자동차에서 내린 한 남자가 중얼거렸어요.

"이런, 전화기가 고장났나 봐."

반대편 문이 열리고, 또 한 남자가 내렸어요.

본문에서

① 질서를 지켜 전화기를 이용합시다.
② 어린아이들의 전화기 사용을 금지합니다.
③ 고장이오니 다른 곳의 전화기를 이용하세요.
④ 불은 꺼져 있지만 전화기는 사용할 수 있습니다.
⑤ 지금은 전화기를 충전하고 있으니 잠시 후에 사용하세요.

# 가을을 파는 마법사

이종은 글 | 류은형 그림
노루궁뎅이

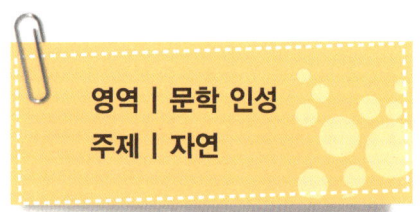

영역 | 문학 인성
주제 | 자연

1. 가을에는 주변 환경이 어떻게 변화하는지 알 수 있다.
2. 계절의 소중함을 알 수 있다.
3. 시골 풍경을 생각할 수 있다.

### 줄거리

친구도 없고, 놀이터도 없는 시골 할머니 댁에서 지루해하던 새아는 낮잠을 자려던 순간 가을을 판다는 빨간 모자 아저씨의 우렁찬 소리를 듣는다. 새아는 동네 아이들과 빨간 모자 아저씨를 뒤쫓으며 빨간 모자 아저씨가 감도 익게 하고, 나무도 물들이며, 해바라기 씨도 익게 하는 신기한 모습을 보게 된다. 그렇게 새아는 빨간 모자 아저씨와 새로 사귄 친구들과 함께 가을을 만끽하며 즐거운 시간을 보낸다.

### 도서 선정 이유

이 책에서는 계절이 여름에서 가을로 바뀌면서 산과 들 그리고 하늘을 비롯한 우리의 자연이 어떻게 변화하는지를 알려 주며, 생동감 있게 표현한 그림과 함께 가을의 모습을 잘 보여 주고 있다. 또한, 계절이 바뀌는 모습을 통해 사계절이 갖는 소중함에 대해서도 생각하게 한다.

1 책의 제목을 보면서 마법사가 가을에 무엇을 팔 것 같은지 이야기해 보세요.

2 책 표지를 보면 마법사와 여자아이가 즐거운 표정을 지으며 웃고 있어요. 서로 어떤 이야기를 하고 있을까요?

**1** 시골 할머니 댁에서 새아는 왜 심심했나요?

**2** 빨간 모자 아저씨는 옷자락을 펄럭이고 소리를 외치면서 가을을 팔았어요. 관계있는 것끼리 줄을 이어 보세요.

 • • 알록달록 물이 들었어요

 • • 파란 하늘에서 윙윙윙

 • • 파란 하늘에서 두둥실

 • • 노랗게 익었어요

 • • 빨갛게 익었어요

**3** 새아는 빨간 모자 아저씨에게 어디로 와 달라고 부탁했나요?

**4** 새아는 동네에서 새로 사귄 친구들과 무엇을 하면서 놀았나요?

**5** 잠들었던 새아를 깨운 것은 무엇인가요?

**6** 할머니와 새아는 마법사 아저씨를 찾기 위해 어디로 나갔나요?

**7** 빨간 모자 아저씨의 정체는 무엇이었나요?

**1** 새아는 왜 빨간 모자 아저씨의 뒤를 쫓아가는 아이들을 따라갔을까요?

**2** 할머니는 가을을 파는 마법사를 어떻게 알고 있었을까요?

"할머니, 할머니!"
새아는 할머니한테 달려갔어요.
"가을 파는 아저씨 보셨어요?"
"가을 파는 아저씨?"
"아저씨가 감도 익게 하고 단풍잎도 빨갛게 물들였어요."
"옳아, 가을을 파는 마법사가 왔었구나."
"할머니도 그 아저씨 아세요?"
"알다마다. 가을이 되면 꼭 찾아오는 고마운 아저씨란다."

본문에서

## 3 빨간 모자 아저씨가 가을을 팔면 어떻게 해서 감이 익는 걸까요?

> "가을 사세요! 가을 싸게 팔아요!"
> 그러자 신기한 일이 벌어졌어요.
> 민호 집의 감도 빨갛게 익고, 수미 집의 나무도
> 알록달록 물이 들었어요.
>
> 본문에서

## 4 밑줄 친 부분에 나타난 할머니의 속마음은 무엇일까요?

> 할머니와 새아는 손을 잡고 들판으로 나갔어요.
> 들판은 황금빛으로 물들어 있었어요.
> "여기에도 마법사 아저씨가 다녀갔구나."
> "할머니, 마법사 아저씨는 어디 있어요?"
> 새아가 물었지만, 할머니는 빙그레 웃기만 했어요.
> 빨간 모자를 쓴 마법사 아저씨는 바로 논 한가운데 서 있었거든요.
>
> 본문에서

책·을·내·것·으·로·만·드·는·아·이·들

**1** 만약에 여러분이 마법사라면 가을에 무엇을 팔고 싶은가요? 가을에 팔고 싶은 것을 그림으로 그려 보고 그 이유를 써 보세요.

**2** 여러분은 새아처럼 시골에서 즐거웠던 추억이 있나요? 어떤 일이 있었는지 이야기해 보세요.

**3** 앞으로 새아는 시골에서 어떻게 지낼 것 같나요? 여러분이 다음 이야기를 생각해 보세요.

**4** 우리나라에는 봄, 여름, 가을, 겨울 이렇게 사계절이 있어요. 여러분이 생각하는 계절별 마법사에는 무엇이 있나요?

아·이·들·을·위·한·P·S·A·T·와·L·E·E·T

## 1 ㉠의 까닭으로서 적절한 것은?

"가을 팔아요! 가을 싸게 팔아요!"
그러자 파랗던 호박이 노랗게 익었어요.
빨갛게 물든 단풍잎도 우수수 떨어졌고요.
"새아야, ㉠ 단풍잎이 솜처럼 푹신하단다!"

 본문에서

① 단풍잎이 많이 쌓여서
② 가을을 팔았기 때문에
③ 단풍잎은 원래가 푹신해서
④ 파랗던 호박이 노랗게 익어서
⑤ 단풍잎이 빨갛게 물들었기 때문에

## 2 다음 내용을 적절하게 요약한 것은?

"아저씨, 우리 할머니 텃밭에도 외 주세요!"
새아가 크게 소리쳤어요.
"아무렴, 가고말고!"
빨간 모자 아저씨는 할머니 텃밭 앞에서 크게 외쳤어요.
"가을 팔아요! 가을 싸게 팔아요!"
그러자 파랗던 호박이 노랗게 익었어요.

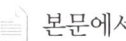 본문에서

① 새아는 크게 소리쳤다.
② 빨간 모자 아저씨는 가을을 팔고 있다.
③ 빨간 모자 아저씨는 할머니 텃밭으로 갔다.
④ 빨간 모자 아저씨가 할머니 텃밭에서 외쳤다.
⑤ 빨간 모자 아저씨는 할머니 텃밭의 호박을 익게 했다.

**3** 아래 그림에 대한 설명으로 어울리지 <u>않는</u> 것은?

① 바람이 분다.
② 들판에 꽃도 피었다.
③ 시골의 가을 들판은 예쁘다.
④ 가을과 관계있는 것이 있다.
⑤ 할머니와 아이가 앉아 있다.

# 곰이라고요, 곰!

프랭크 태슐린 글 · 그림 | 위정현 옮김
계수나무

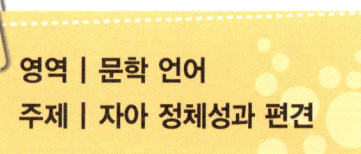

영역 | 문학 언어
주제 | 자아 정체성과 편견

### 목표

1. 자신이 누구인지 안다.
2. 자신이 누구인지 다른 사람들에게 알려 줄 수 있다.
3. 근거를 제시하면서 자신의 의견을 표현할 수 있다.

### 줄거리

겨울잠에서 깨어난 곰은 숲이 공장으로 바뀐 환경을 보고 큰 혼란에 빠진다. 곰은 "나는 곰이라고요, 곰!"을 외치지만 아무도 그가 곰이라는 사실을 믿지 않는다. 겨울이 다가와도 곰은 혼란스러워 겨울잠을 잘 수 없다. 몸이 얼어붙자 마침내 곰은 다시 굴속으로 들어가 편안히 겨울잠을 잔다.

### 도서 선정 이유

변화된 환경과 편견 많은 사회 속에서 자신이 누구인지조차 알지 못하게 된 곰을 통해 우리는 우리 자신이 누구인지를 생각할 수 있다. 어려운 주제이지만 재미있게 풀어 쓴 덕에 1학년 미만의 어린이도 재미있게 읽을 수 있다.

**1** 겨울이 오면 곰은 무엇을 할까요?

**2** 우리는 곰을 어디에서 볼 수 있나요?

**3** "곰이라고요, 곰!"이라는 말은 어떤 경우에 하는 말인가요?

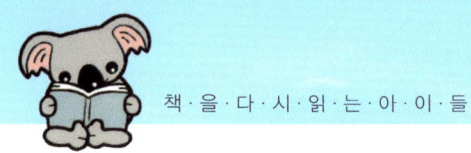

**1** 곰은 겨울이 다가오는 것을 어떻게 아나요?

**2** 곰이 겨울잠을 자는 동안 무슨 일이 벌어졌나요?

**3** 겨울잠에서 깨어난 곰은 자신이 꿈을 꾸는 것이라고 생각하고는 팔을 꼬집어 보았습니다. 왜 꿈이라고 생각했을까요?

**4** 공장 사람들은 곰을 보고 뭐라고 불렀나요?

**5** 사장은 그가 곰이 아니라는 사실을 증명하기 위해 어디로 데려 갔나요?

**6** 동물원의 곰들과 서커스의 곰들은 책 속의 주인공인 곰을 보고 무엇이라고 했나요?

**7** 곰(주인공)은 왜 자기가 겨울잠을 자면 안 된다고 생각했나요?

**8** 책 속의 주인공은 다시 겨울잠을 자게 되었어요. 그 까닭은 무엇인가요?

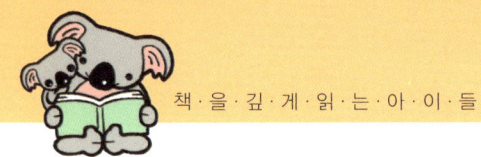

## 1 다음 그림들에는 어떤 차이점들이 있나요?

**2** "너는 곰이 아니야."라고 주장하는 이들에게 곰은 "나는 곰이라고요, 곰!"이라고만 주장했어요. 곰은 무슨 말을 더 했어야 할까요?

**3** 곰은 마침내 자신이 곰이라는 사실을 깨달아요. 그 까닭은 무엇인가요?

책·을·내·것·으·로·만·드·는·아·이·들

**1** 공장 사람들, 동물원과 서커스의 곰들은 곰을 보고 곰이 아니라고 말해요. 이들의 주장이 틀렸다는 것을 이유를 들어 말해 보세요.

**2** 모든 사람이 다 옳다고 말해도 항상 옳은 것은 아닙니다. 그 까닭은 무엇일까요?

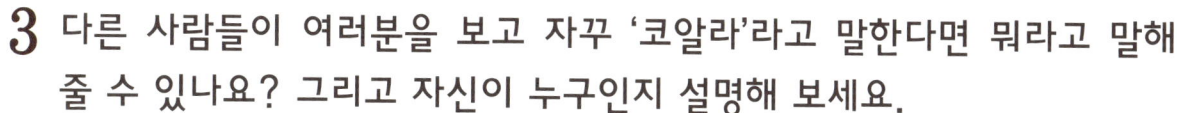

**3** 다른 사람들이 여러분을 보고 자꾸 '코알라'라고 말한다면 뭐라고 말해 줄 수 있나요? 그리고 자신이 누구인지 설명해 보세요.

**4** 이 책을 읽고 생각난 것이 있나요? 생각난 것이 무엇이든 즐거운 마음으로 친구들에게 말해 보세요.

아·이·들·을·위·한·P·S·A·T·와·L·E·E·T

## 1 '겨울잠을 잘 때'로 적절한 것은?

> 곰은 몸을 돌려 숲의 나무들을 쳐다보았습니다.
> 나뭇잎들은 울긋불긋 단풍이 들어, 나뭇가지에서 살랑살랑 떨어져 내리고 있었습니다.
> 기러기 떼가 남쪽으로 날아가고 나뭇잎이 다 떨어지고 나면, 곧 겨울이 옵니다. 그러면 흰 눈이 숲을 온통 덮어 버리겠지요. 곰은 이 사실을 잘 알고 있습니다. 이제 동굴로 들어가 겨울잠을 잘 때입니다.
>
> 본문 8~9쪽에서

① 곰이 숲의 나무들을 쳐다볼 때
② 기러기 떼가 남쪽으로 날아갈 때
③ 흰 눈이 온통 숲을 덮어 버릴 때
④ 나뭇잎들이 울긋불긋 단풍이 들 때
⑤ 나뭇잎들이 나뭇가지에서 살랑살랑 떨어져 내릴 때

## 2 아래 내용으로부터 알 수 없는 것은?

> 며칠이 지나자 더 많은 사람들이 톱과 도끼를 들고, 트랙터까지 몰고 왔습니다. 그러더니 나무를 베어 내고 땅을 마구 파헤쳤습니다.
> 사람들은 일을 하고, 또 일을 하고, 열심히 일을 하였습니다. 마침내 어마어마하게 큰 공장을 세웠습니다. 곰이 자고 있는 동굴 바로 그 위에 말입니다.
> 공장은 추운 겨울 내내 검은 연기를 뿜어 댔습니다.
>
> 본문 12~15쪽에서

① 공기가 나빠졌다.
② 나무들이 사라졌다.
③ 숲이 공장으로 바뀌었다.
④ 겨울잠을 자는 곰을 깨웠다.
⑤ 숲속 동물들이 안식처를 잃었다.

## 3 진짜 곰에 대한 사람들의 생각으로 올바른 것은?

"나는 이 공장 일꾼이 아니에요. 나는 곰이라고요. 그러니까 감독님이나 인사 과장님이나 부장님이나 상무님이나 부사장님이 나를 수염도 깎지 않고 더러운 털옷을 입은 멍청이라고 불렀다고 해서 사장님까지 그렇게 부르지는 마세요."

"알았네. 자네가 원한다면 그렇게 부르지는 않겠네. 하지만, 내 생각도 저 사람들과 같네."

"나는 곰이라고요!"

곰은 크게 외쳤습니다.

사장은 웃으며 말했습니다.

"자네는 곰일 리가 없네. 곰은 동물원이나 서커스에 가야만 볼 수 있는데, 자네는 지금 이 공장에 있지 않은가?"

본문 34쪽에서

① 집에 있어야 한다.
② 수염을 깎아야 한다.
③ 공장에 있어야 한다.
④ 털옷을 입지 않아야 한다.
⑤ 동물원이나 서커스에 있어야 한다.

# 까만 아기 양

엘리자베스 쇼 글·그림 | 유동환 옮김
푸른나무

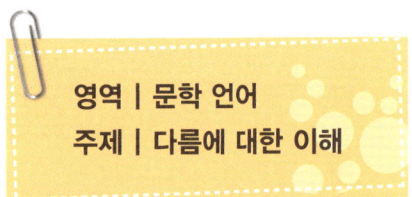

영역 | 문학 언어
주제 | 다름에 대한 이해

### 목표

1. 다른 것과 틀린 것의 차이를 알 수 있다.
2. 다른 것은 좋은 것이라는 의미를 이해할 수 있다.
3. 이야기의 흐름과 의미를 파악할 수 있다.

### 줄거리

양치기 개 폴로는 털이 하얀 다른 양들과 달리 유독 눈에 잘 띄는 까만 아기 양이 영 못마땅하다. 까만 아기 양은 폴로가 자신을 미워하고 싫어하는 까닭이 자신이 눈에 잘 띄어서라고 생각한다. 그러던 어느 날 갑자기 눈보라가 치자, 양치기 할아버지와 폴로는 양들은 그 자리에 있어도 괜찮을 것이라 생각하고 황급히 집안으로 피한다. 그러나 까만 아기 양은 두려움에 떨고 있는 양들을 언덕 위 동굴로 피신시킨다. 양치기 할아버지는 까만 아기 양 덕분에 무사히 양들을 되찾는다.

### 도서 선정 이유

'다른 것을 이해한다'라는 주제를 귀여운 아기 양을 통해 자연스럽게 이야기하고 있다. 이 동화를 읽으면 학생들은 까만 아기 양과 양치기 할아버지의 이야기에서 다른 것이 좋을 수 있다는 생각을 하게 된다. 그와 더불어 한쪽으로만 생각하는 편견보다 같이 어울려 생활하는 것이 훨씬 좋다는 사실을 알 수 있다.

**1** '양치기'가 나오는 동화에는 어떤 것이 있나요?

**2** '양' 하면 연상되는 단어를 3개 이상 써 보세요.

**3** 여러분은 친구와 어떤 점이 서로 다른가요? 서로 다른 점을 이야기해 보세요. (성격, 고민, 생김새, 좋아하는 것, 표현 방식, 말투, 생각 등등)

까만 아기 양

책·을·다·시·읽·는·아·이·들

1. 책을 읽기 전 자신을 찾아 달라던 판다를 기억하지요? 판다는 어디에 숨어 있었나요?

2. 아래 그림에 있는 하얀 양은 일곱 마리예요. 나머지 양은 다른 곳에 떨어져서 풀을 뜯고 있어요. 양치기 개 폴로는 몇 마리를 무리로 몰고 와야 하나요?(양치기 할아버지의 양이 모두 몇 마리였는지를 떠올려 보세요.)

3. 폴로가 아기 양을 싫어하는 까닭은 무엇인가요?

**4** 양치기 할아버지가 아래와 같이 피리를 불어요. 양치기 개 폴로가 해야 할 일은 무엇인가요?

① 짧고 세게 한 번 분다.

② 길게 한 번 분다.

**5** 커다란 우박이 내리고 눈보라가 치자, 양치기 할아버지는 황급히 폴로만 데리고 집을 향해 뛰었어요. 그러자 무슨 일이 일어났나요?

**6** 까만 아기 양은 불안에 떨고 있는 양들을 데리고 어디로 갔나요?

**7** 양치기 할아버지는 하얀 눈으로 덮인 들판에서 양들을 어떻게 찾았나요?

**8** 양치기 할아버지는 양들을 찾은 다음에 어떤 일을 했나요?

**1** 양치기 할아버지는 왜 까만 아기 양에게 하얀 스웨터를 짜 주지 않았을까요?

**2** 다음 글에서 폴로가 말하는 '큰 사고'는 무엇일까요?

> 폴로는 양치기 할아버지를 찾아갔어요.
> "저 녀석이 내 말을 잘 듣지 않아요."
> 폴로는 얼굴을 잔뜩 찌푸리며
> 할아버지에게 불만을 털어놓았어요.
> "게다가 저 녀석은 생각이 너무 많아요.
> 양들은 생각을 할 필요가 없어요.
> 내가 하라는 대로만 하면 되니까요!
> 제멋대로 생각하고 까불다가는
> 언젠가 <u>큰 사고</u>를 칠 거예요."
> 
> 본문에서

**3** 양치기가 들판에서 양을 지키다, 눈보라를 만나면 가장 먼저 해야 할 일은 무엇일까요?

4 까만 아기 양이 다음과 같이 행동했을 때 다른 양들은 어떤 생각을 했을까요?

① 엉뚱한 생각 때문에 폴로의 명령을 잘 따르지 못할 때

② 까만 아기 양 덕분에 무사히 눈보라를 피했을 때

5 똑같다고 다 좋은 것은 아닙니다. 아래 글은 어떤 의미를 담고 있나요?

> 얼마 후, 양치기 할아버지는 아주 특별한 양떼를 갖게 되었어요.
> 까만 양, 하얀 양, 하얀 바탕에 까만 무늬가 있는 얼룩 양이 사이좋게 어우러진 양떼를 말이에요.
>
> 본문에서

책·을·내·것·으·로·만·드·는·아·이·들

**1** 아래 그림을 보면 떠오르는 일이 있나요? 어떤 일인지 써 보세요.

**2** 여러분의 성격은 이 책 속의 누구와 닮았나요? 그렇게 생각하는 까닭을 생각해 보세요.

닮은 사람

까닭

**3** 눈보라 치는 날 보여 준 까만 아기 양과 양치기 개 폴로의 행동을 비교해 보고, 좋은 리더(이끄는 사람)는 어떤 사람인지 자신의 생각을 써 보세요.

**4** 폴로와 까만 아기 양의 사이가 좋아졌어요. 사이가 나쁜 사람들이 사이가 좋아지려면 어떻게 해야 하는지 이야기를 나눠 보세요.

**5** 서로 달라서 좋은 점은 무엇일까요? 경험이 있다면 이야기해 보세요.

아·이·들·을·위·한·P·S·A·T·와·L·E·E·T

**1** 다음 글이 보여 주는 계절과 관계있는 낱말은 무엇인가요?

> 겨우내 눈으로 뒤덮였던 알프스산.
> 어느 덧 그곳에도 눈이 녹고
> 파릇파릇 새싹이 돋아나기 시작했어요.
> 산 중턱에는 들판이 넓게 펼쳐진 곳이 있었습니다.
> 이곳에서 양치기 할아버지가 양들을 돌보며 홀로 살고 있었어요.
>
> 　　　　　　　　　　　　　　　　　　　　본문에서

① 겨우내　　　② 눈　　　③ 파릇파릇 새싹
④ 양들　　　　⑤ 들판

**2** 다음 글의 제목으로 적절한 것은?

> 양치기 할아버지는 폭풍우 속에 남겨 둔 양들이 슬슬 걱정되기 시작했어요.
> "양들은 괜찮을까? 제멋대로 도망가 버리면 어떡하지?
> 그래도 내일이면 모두 만날 수 있겠지?"
> "걱정하지 마세요. 제가 명령을 하지 않았으니까 틀림없이 제자리에 꼼짝 않고 있을 거예요."
> 폴로는 벽난로 옆에서 기지개를 켜며 별일 아니라는 듯 중얼거렸어요.
>
> 　　　　　　　　　　　　　　　　　　　　본문에서

① 양들의 모습
② 양들의 탈출
③ 폴로의 태도
④ 할아버지의 걱정
⑤ 폭풍우 속의 양들

## 3 다음 글의 중심 생각으로 적절한 것은?

얼마 후, 양치기 할아버지는 아주 특별한 양떼를 갖게 되었어요.
까만 양, 하얀 양, 하얀 바탕에 까만 무늬가 있는 얼룩 양이 사이좋게 어우러진 양떼를 말이에요. 양들의 생김새나 색깔은 모두 달랐지만 이제는 아무 문제가 없어요.
양치기 할아버지에게는 한 마리 한 마리가 모두 까만 아기 양처럼 소중하니까요.
폴로와 까만 아기 양도 더 이상 다투지 않고 사이좋게 지냈답니다.

본문에서

① 서로 다투지 말고 사이좋게 지내자.
② 폴로와 까만 아기 양은 서로 화해했다.
③ 생김새나 색깔이 달라도 모두 소중하다.
④ 양치기 할아버지는 아주 특별한 양떼를 가졌다.
⑤ 양치기 할아버지는 까만 아기 양을 소중하게 여긴다.

## 한국인의 독서지도 교재 i 로직아이 샘

**교재의 특징**

**박우현 교수**와 현장의 **교사들이** 함께 만든 22권의 **독서지도 교재**

- <u>6권의 필독서</u>를 읽고 수업하는 독서지도 교재. 자연스럽게 글쓰기 논술 실력도 늘게 하는 교재
- <u>5급 공무원 시험인 공직 적성 평가</u>와 <u>법학 전문 대학원 입학시험</u> 형식의 문제 수록

**파랑**(서울시 교육감 인정 도서)    **노랑**(교과서 수록 작품)    **초록**(신간 교과서 수록 작품 중심)    **빨강**(스테디 셀러 중심)
(총 1~6단계)                (총 1~6단계)            (총 1~6단계)                  (총 1~4단계)

**각 단계**는 학년을 기준으로 함. (1학년은 1단계, 6학년은 6단계)
**빨강** 교재만 학년 중첩. (1단계는 1-2학년, 2단계는 2-3학년, 3단계는 4-5학년, 4단계는 5-6학년)

---

### 중학생을 위한 독서 논술
### 로직아이 수 秀 민트&퍼플

**교재의 특징**

① 엄선한 필독서 2·3권과 한국 근현대 문학 수록
② 다양한 토론, 요약과 정리 문제 수록
③ PSAT와 LEET형식의 문제 수록

### 글쓰기 논술 쓰마 & 박우현의 요약과 논술
입문 & 기초

1단계 - 1, 2권
글쓰기 논술 기초 교재

2단계 - 1, 2, 3권
글쓰기 논술 발전 교재

3단계 - 1, 2권
글쓰기 논술 심화 교재

I. 입문편
II. 기초편

**교재의 특징**

① 쓰마는 <u>과정 중심 글쓰기 논술 교재</u>
② 쓰마는 초등 1학년 부터 6학년 까지
③ 박우현의 요약과 논술은 중등 1학년 부터

---

\* (주) 로직아이는 독서 지도나 글쓰기 지도를 하고자 하는
학부모와 선생님들을 위한 교육사업 법인입니다.

책 속에는 꿈이 있습니다.
배우겠다는 의지만 있으면 실력은 늘기 마련입니다.

서울특별시 마포구 잔다리로 120 성동빌딩 303호 (서교동)   전화 (02)747-1577 팩스 (02)747-1599